¿Cómo se hace el helado?

Grace Hansen

Abdo
¿CÓMO SE HACE?
Kids

abdopublishing.com

Published by Abdo Kids, a division of ABDO, P.O. Box 398166, Minneapolis, Minnesota 55439.

Printed in the United States of America, North Mankato, Minnesota.

102017

012018

 THIS BOOK CONTAINS RECYCLED MATERIALS

Spanish Translator: Maria Puchol

Photo Credits: Alamy, Getty Images, Glow Images, iStock, Shutterstock

Production Contributors: Teddy Borth, Jennie Forsberg, Grace Hansen

Design Contributors: Dorothy Toth, Laura Mitchell

Publisher's Cataloging in Publication Data

Names: Hansen, Grace, author.

Title: ¿Cómo se hace el helado? / by Grace Hansen.

Other titles: How is ice cream made?. Spanish

Description: Minneapolis, Minnesota : Abdo Kids, 2018. | Series: ¿Cómo se hace? |
    Includes online resources and index.

Identifiers: LCCN 2017946225 | ISBN 9781532106590 (lib.bdg.) | ISBN 9781532107696 (ebook)

Subjects: LCSH: Ice cream industry--Juvenile literature. | Manufacturing processes--Juvenile literature.
    | Dairy products--Juvenile literature. | Spanish language materials--Juvenile literature.

Classification: DDC 637--dc23

LC record available at https://lccn.loc.gov/2017946225

Contenido

Vacas

La leche es el ingrediente más importante en los helados. ¡La leche viene de las vacas lecheras!

A las vacas se las ordeña alrededor de tres veces al día. La leche se mete en camiones cisterna para transportarla a las fábricas de productos lácteos.

7

La fábrica de productos lácteos

En estas fábricas se separa la crema de la leche entera. La crema y la **leche descremada evaporada** se ponen de nuevo en camiones cisterna. ¡A la fábrica de helado!

9

La fábrica de helado

En esta fábrica mezclan la crema, la **leche descremada evaporada** y el azúcar. A veces también añaden yemas de huevo. Se añade cacao en polvo para hacer helado con sabor a chocolate.

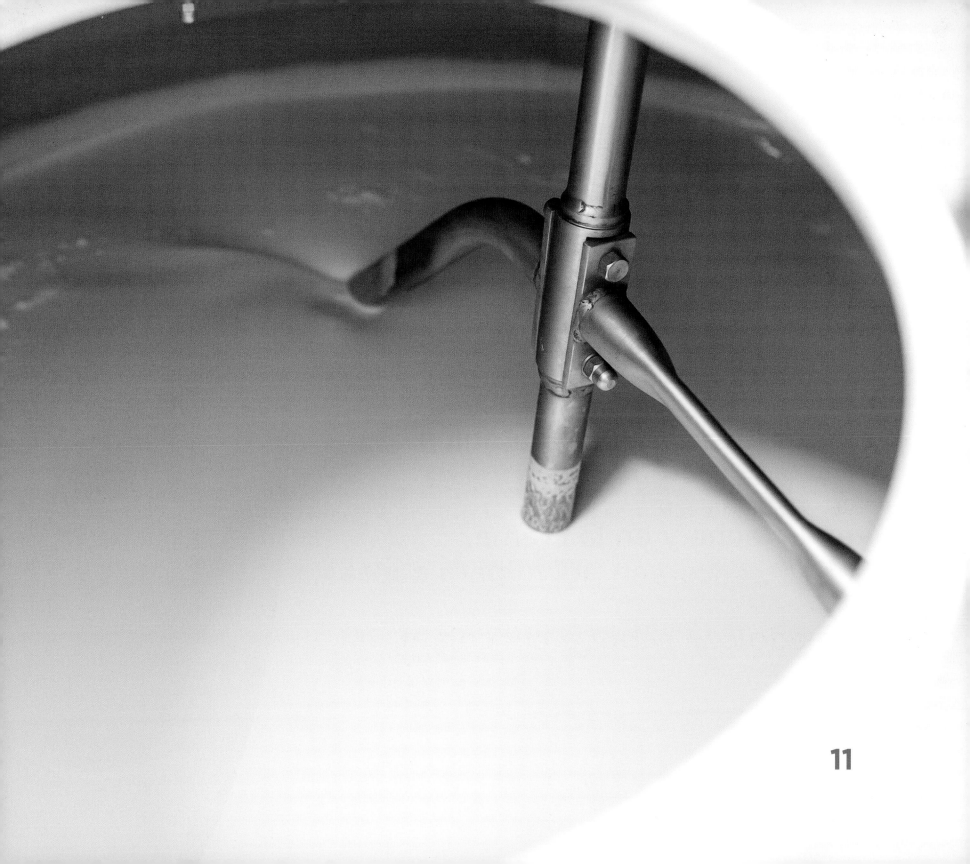

La mezcla pasa a la pasteurización. Con este paso se matan las **bacterias** en la leche y en la crema.

El siguiente paso es la homogeneización. La mezcla se pone bajo mucha presión. Así la grasa ya no se separa del resto de la leche.

¡La mezcla está lista para añadirle sabores! Se le pueden añadir **extractos** de vainilla o de frutas. ¡También de menta o cualquier otro sabor!

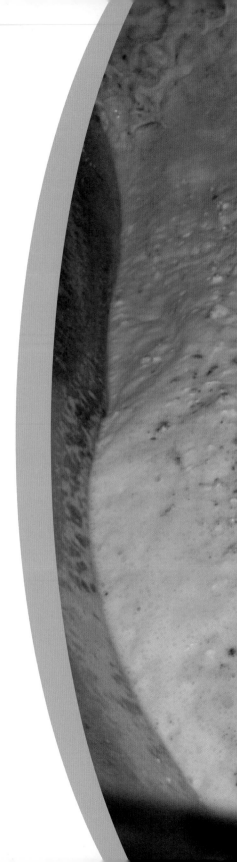

El siguiente paso es congelar la mezcla. Se vierte en un barril muy frío. ¡Así la mezcla se ha convertido en helado! Ahora se pueden añadir otros ingredientes, como frutas o trocitos de chocolate.

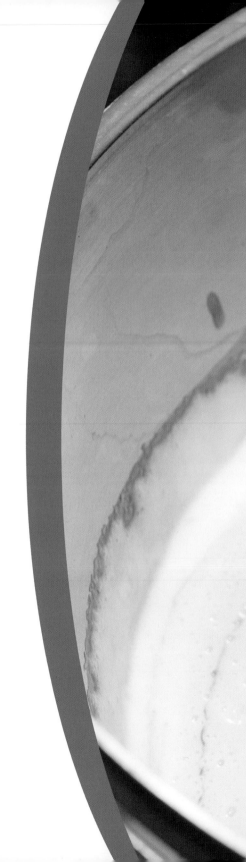

¡Listo!

El helado se pone en contenedores. Estos contenedores se guardan en lugares muy fríos. Ahí estarán completamente congelados. ¡Están listos para enviarlos a las tiendas!

Más datos

- Los sabores de helado más vendidos son el de vainilla y el de chocolate.

- Un galón de helado (3.8 litros) necesita 5.8 libras de leche entera (2.6 kg) y una libra de crema (0.5 kg).

- Una vaca lechera puede producir en toda su vida suficiente leche para hacer alrededor de 9,000 galones de helado (34,000 litros).

Glosario

bacteria – organismos diminutos que a menudo provocan dolores o enfermedades.

extracto – forma concentrada de una sustancia.

homogeneizar – romper la grasa en pequeñas partículas para que se mezclen con el resto del líquido.

leche descremada – leche de vaca sin crema.

leche evaporada – leche de vaca sin agua.

presión – fuerza intensa sobre algo.

Índice

Abdo Kids ONLINE

FREE! ONLINE MULTIMEDIA RESOURCES

¡Visita nuestra página abdokids.com y usa este código para tener acceso a juegos, manualidades, videos y mucho más!

Código Abdo Kids:
HHK0468

24